Impressum
Verlag: BABADADA GmbH, Nedderfeld 112 , 22529 Hamburg
Geschäftsführer / Verlagsleitung: Harald Hof
Druck: Books on Demand GmbH, In de Tarpen 42, 22848 Norderstedt

Imprint
Publisher: BABADADA GmbH, Nedderfeld 112 , 22529 Hamburg, Germany
Managing Director / Publishing direction: Harald Hof
Print: Books on Demand GmbH, In de Tarpen 42, 22848 Norderstedt, Germany

sekolah
iskola

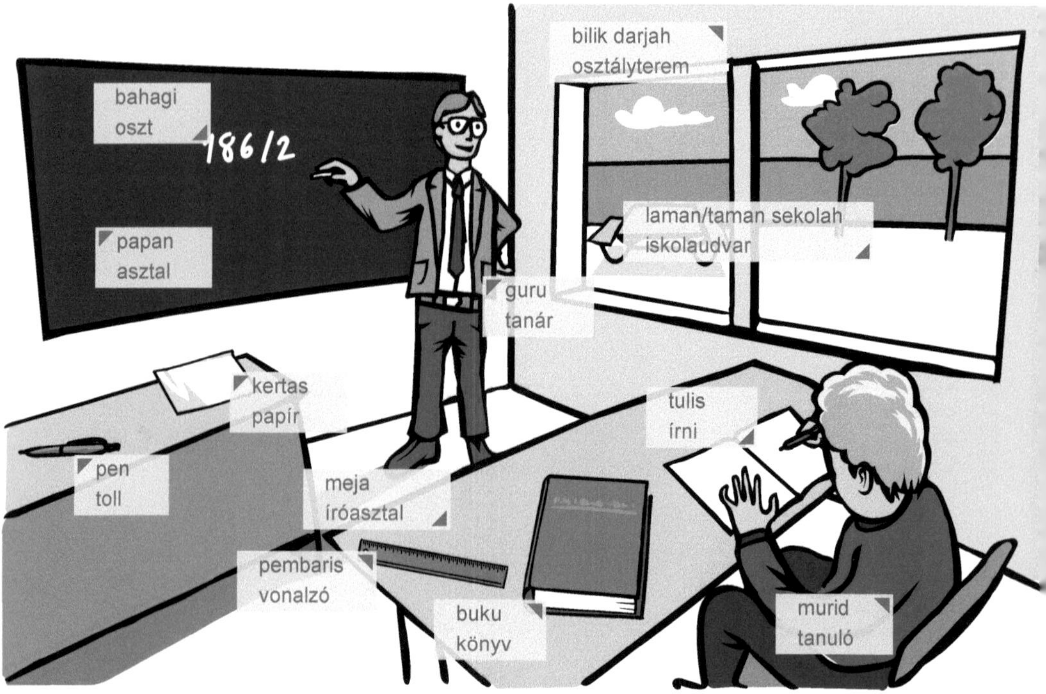

bilik darjah
osztályterem
bahagi
oszt
186/2
papan
asztal
laman/taman sekolah
iskolaudvar
guru
tanár
kertas
papír
tulis
írni
pen
toll
meja
íróasztal
pembaris
vonalzó
buku
könyv
murid
tanuló

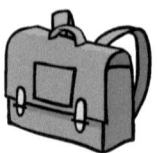

beg galas
iskolatáska

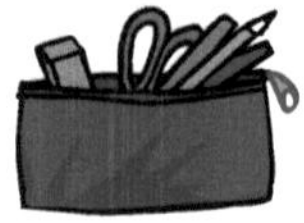

kotak pensel
tolltartó

pensel
ceruza

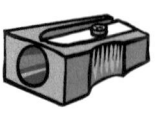

pengasah pensel
ceruzahegyező

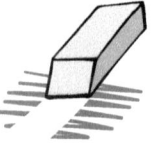

pemadam
radír

kertas lukisan
rajzfüzet

melukis
rajz

berus lukis
ecset

kotak warna
festőkészlet

gunting
olló

gam
ragasztó

buku latihan
munkafüzet

kerja rumah
házi feladat

12

nombor
szám

2+2

tambah
összead

5-2

tolak
kivon

2×2

darab
szoroz

kira
számol

huruf
betű

**ABCDEFG
HIJKLMN
OPQRSTU
VWXYZ**

abjad
ABC

kata
szó

teks
szöveg

baca
olvasni

kapur
kréta

pelajaran
tanóra

daftar
napló

peperiksaan
vizsga

sijil
bizonyítvány

uniform sekolah
iskolai egyenruha

pendidikan
oktatás

ensiklopedia
enciklopédia

universiti
egyetem

mikroskop
mikroszkóp

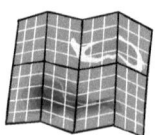

peta
térkép

bakul sampah
papír-hulladék gyűjtő

hotel
hotel

Grand

asrama
szállás

ROOMS

pejabat tukaran mata wang
valutaváltó iroda

EXCHANGE

D

beg pakaian
bőrönd

kereta
autó

bahasa

nyelv

ya / tidak

igen/nem

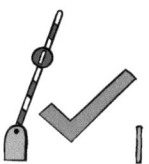

okey

rendben

helo

szia

penterjemah

fordító

Terima kasih

köszönöm

berapa banyak...?

mennyibe kerül...?

saya tidak faham

nem értem

masalah

probléma

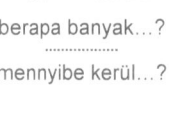

Selamat petang!

Jó estét!

Selamat Pagi!

jó reggelt!

Selamat Malam!

jó éjszakát!

selamat tinggal

viszontlátásra

arah

útirány

bagasi

poggyász

beg

táska

beg galas

hátizsák

tetamu

vendég

bilik tidur

szoba

beg tidur

hálózsák

khemah

sátor

maklumat pelancong
turista információ

pantai
strand

kad kredit
hitelkártya

sarapan
reggeli

makan tengah hari
ebéd

makan malam
vacsora

tiket
jegy

lif
lift

setem
bélyeg

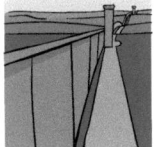

sempadan
határ

kastam
vám

kedutaan
nagykövetség

visa
vízum

pasport
útlevél

pengangkutan
közlekedés

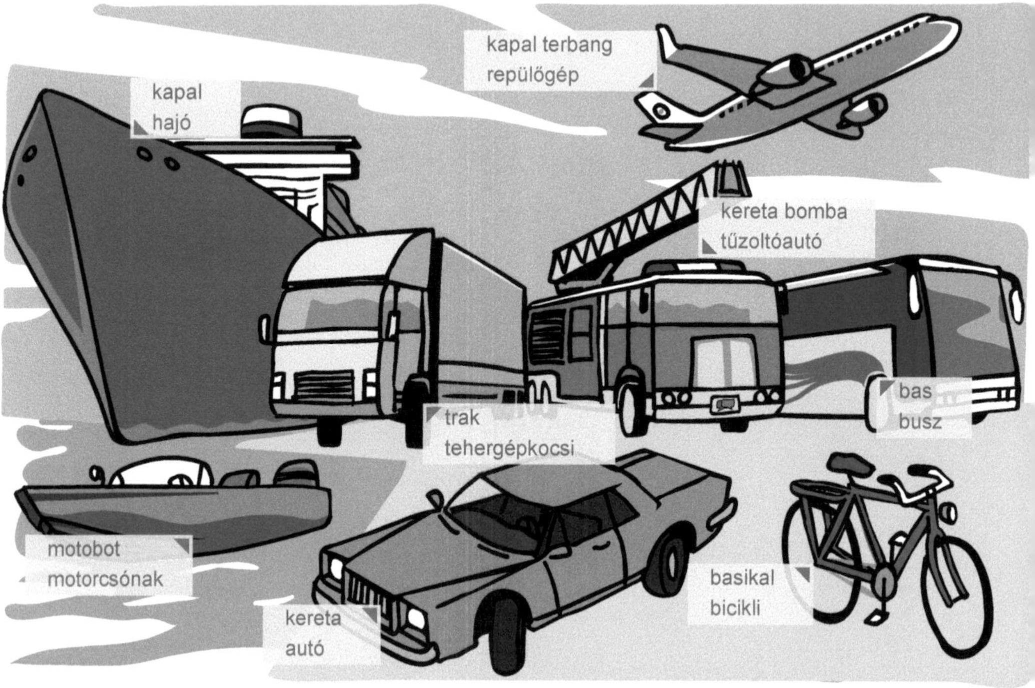
kapal
hajó
kapal terbang
repülőgép
kereta bomba
tűzoltóautó
bas
busz
trak
tehergépkocsi
motobot
motorcsónak
kereta
autó
basikal
bicikli

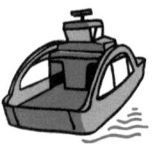

feri

komp

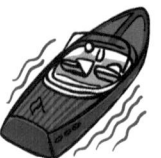

bot

csónak

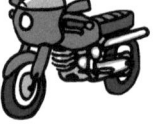

motosikal

motorkerékpár

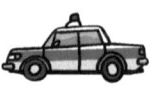

kereta polis

rendőrautó

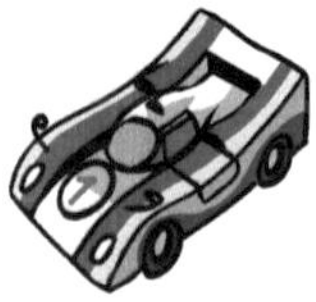

kereta lumba

versenyautó

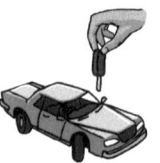

kereta sewa

bérautó

berkongsi kereta

telekocsi

trak tunda

vontató

trak menolak

szemetes autó

motor

motor

bahan api

üzemanyag

stesen minyak

benzinkút

tanda trafik

közlekedési tábla

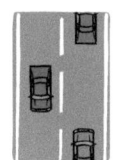

trafik

forgalom

kesesakan lalu lintas

forgalmi dugó

tempat parkir

parkoló

stesen kereta api

vonatállomás

trek

sínek

kereta api

vonat

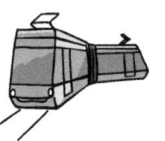

trem

villamos

gerabak

vagon

helikopter

helikopter

lapangan terbang

repülőtér

Menara

torony

penumpang

utas

bekas

konténer

kadbod

kartondoboz

kart

taliga

bakul

kosár

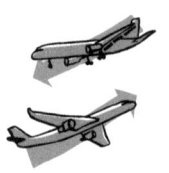

berlepas / mendarat

felszáll / leszáll

bandar

város

kampung

falu

pusat bandar

városközpont

rumah

ház

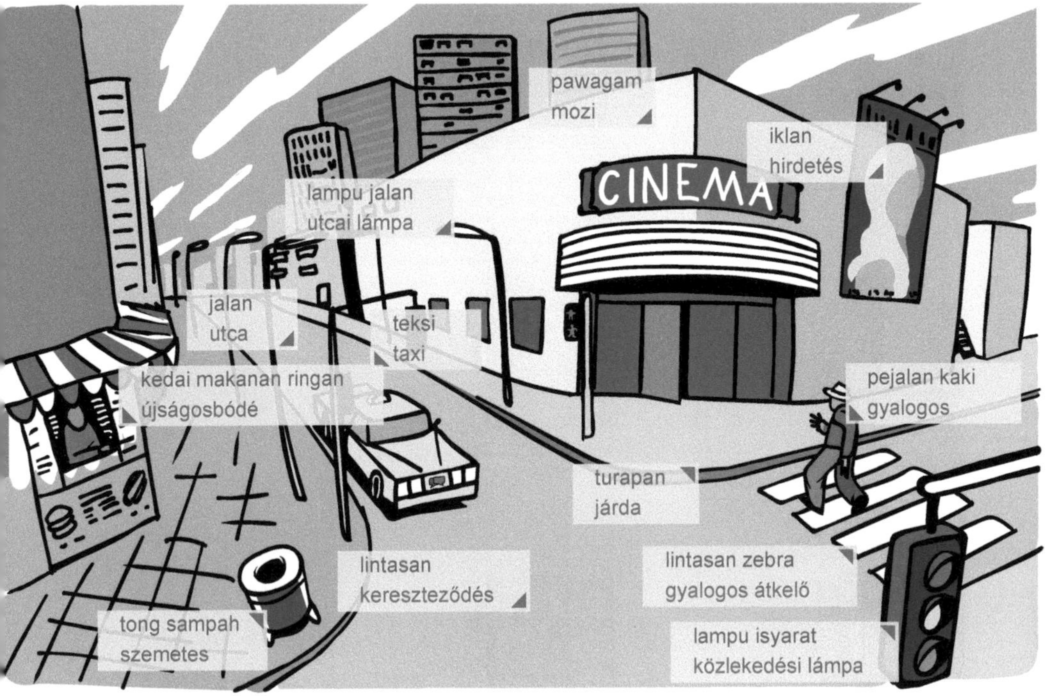

pawagam
mozi

iklan
hirdetés

lampu jalan
utcai lámpa

CINEMA

jalan
utca

teksi
taxi

kedai makanan ringan
újságosbódé

pejalan kaki
gyalogos

turapan
járda

lintasan
kereszteződés

lintasan zebra
gyalogos átkelő

tong sampah
szemetes

lampu isyarat
közlekedési lámpa

pondok

kunyhó

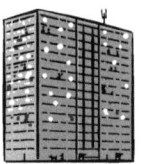

flat

lakás

stesen kereta api

vonatállomás

dewan bandar

városháza

muzium

múzeum

sekolah

iskola

universiti	bank	hospital
egyetem	bank	kórház

hotel	farmasi	pejabat
hotel	gyógyszertár	iroda

kedai buku	kedai	kedai bunga
könyvesbolt	üzlet	virágüzlet

pasar raya	pasaran	gedung
szupermarket	piac	áruház

penjual ikan	pusat membeli-belah	pelabuhan
halárus	bevásárló központ	kikötő

taman
park

bangku
pad

jambatan
híd

tangga
lépcső

bawah tanah
metró

terowong
alagút

hentian bas
buszmegálló

bar
bár

restoran
étterem

peti surat
postaláda

papan tanda jalan
utcatábla

meter parkir
parkoló óra

zoo
állatkert

kolam renang
uszoda

masjid
mecset

ladang
gazdálkodás

pencemaran
környezetszennyezés

tanah perkuburan
temető

gereja
templom

taman permainan
játszótér

kuil
szentély

landskap
táj

daun
levél

tiang tanda
útjelző tábla

jalan
út

padang rumput
rét

batu
kő

pokok
fa

pejalan kaki
túrázó

sungai
folyó

rumput
fű

bunga
virág

lembah
völgy

bukit
domb

tasik
tó

hutan
erdő

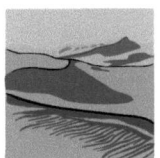

padang pasir
sivatag

gunung berapi
vulkán

istana
kastély

pelangi
szivárvány

cendawan
gomba

pokok kelapa sawit
pálmafa

nyamuk
szúnyog

terbang
légy

semut
hangya

lebah
méhecske

labah-labah
pók

landskap - táj   15

kumbang

bogár

katak

béka

tupai

mókus

landak

sündisznó

arnab

nyúl

burung hantu

bagoly

burung

madár

angsa

hattyú

babi jantan

vaddisznó

rusa

szarvas

moose

rénszarvas

empangan

gát

turbin angin

szélturbina

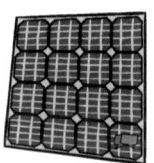

panel solar

napelem

iklim

éghajlat

restoran
étterem

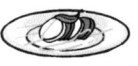

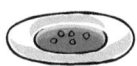

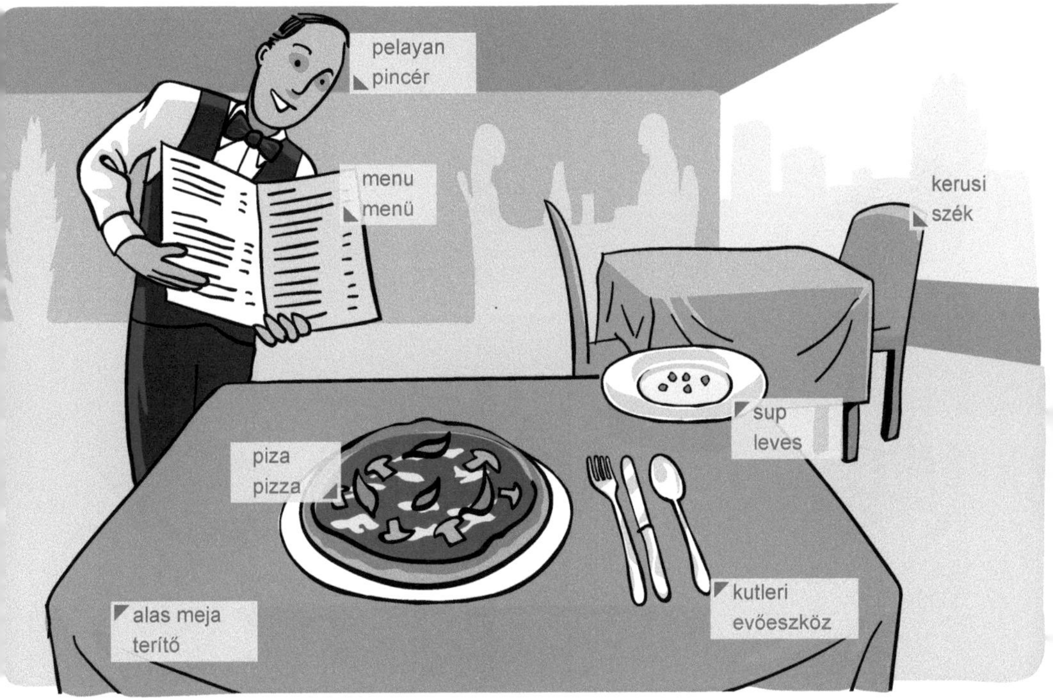

pelayan
pincér
menu
menü
kerusi
szék
sup
leves
piza
pizza
kutleri
evőeszköz
alas meja
terítő

pemula
előétel

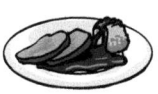

hidangan utama
főétel

pencuci mulut
desszert

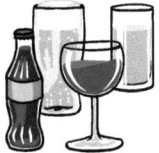

minuman
italok

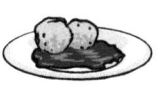

makanan
étel

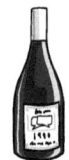

botol
üveg

makanan segera

gyorsétel

makanan jalanan

gyorsétel

teko

teás kanna

mangkuk gula

cukortartó

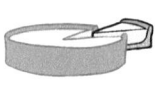

bahagian

adag

mesin espreso

eszpresszógép

kerusi tinggi

bárszék

bil

számla

dulang

tálca

pisau

kés

garfu

villa

sudu

kanál

sudu teh

teáskanál

serviette

szalvéta

gelas

pohár

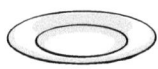

pinggan

tányér

mangkuk sup

leveses tányér

piring

csészealj

sos

szósz

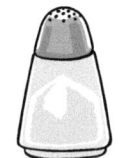

tempat garam

sószóró

pengisar lada

borsőrlő

cuka

ecet

minyak

étkezési olaj

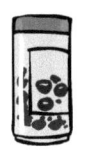

rempah

fűszerek

sos

ketchup

mustard

mustár

mayones

majonéz

pasar raya
szupermarket

tawaran istimewa
különleges ajánlat
FOR
pelanggan
ügyfél
tenusu
tejtermék
buah-buahan
gyümölcsök
troli
bevásárló kocsi

BUTCHERS

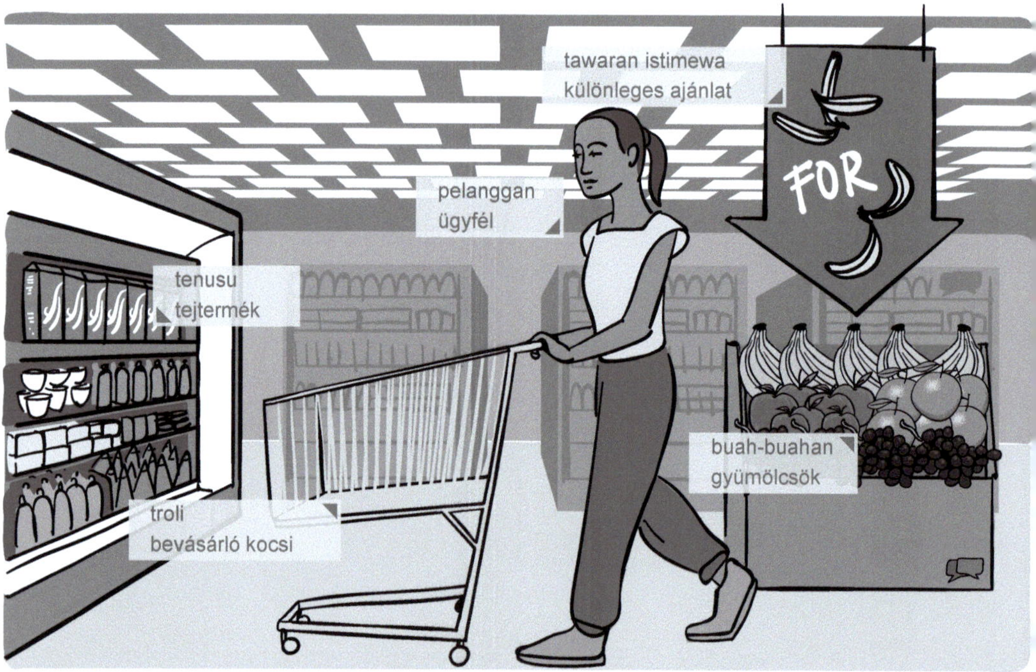

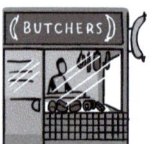

tukang daging
hentes

BAKERY

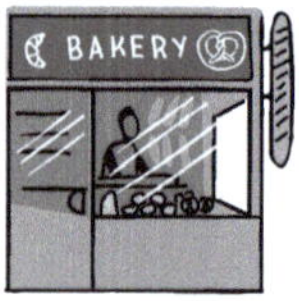

kedai roti
pékség

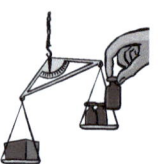

berat
nyom valamennyit

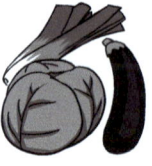

sayur-sayuran
zöldség

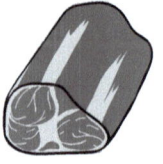

daging
hús

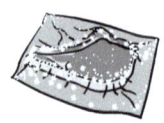

makanan sejuk beku
fagyasztott áru

daging sejuk

felvágott

makanan dalam tin

konzerv

serbuk pencuci

mosópor

gula-gula

édességek

produk isi rumah

háztartási termék

produk pembersihan

tisztítószerek

orang jualan

eladó

daftar tunai

pénztárgép

juruwang

eladó

senarai membeli-belah

bevásárló lista

waktu pembukaan

nyitva tartás

beg duit

levéltárca

kad kredit

hitelkártya

beg

zacskó

beg plastik

műanyag zacskó

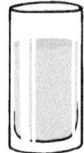

air

víz

jus

gyümölcslé

susu

tej

kola

kóla

wain

bor

bir

sör

alkohol

alkohol

koko

kakaó

the

tea

kopi

kávé

espreso

eszpresszó

kapucino

kapucsínó

pisang

banán

epal

alma

oren

narancs

tembikai

sárgadinnye

lemon

citrom

lobak merah

sárgarépa

bawang putih

fokhagyma

buluh

bambusz

bawang

hagyma

cendawan

gomba

kacang

magvak

mi

nokedli

spageti

spagetti

nasi

rizs

salad

saláta

kerepek

sült krumpli

kentang goreng

sült burgonya

piza

pizza

hamburger

hamburger

sandwic

szendvics

kutlet

hússzelet

ham

sonka

salami

szalámi

sosej

kolbász

ayam

csirke

panggang

pecsenye

ikan

hal

makanan - étel

bubur oat

zabkása

muesli

müzli

emping jagung

kukoricapehely

tepung

liszt

kroisan

croissant

roti roll

zsemle

roti

kenyér

roti bakar

pirítós kenyér

biskut

keksz

mentega

vaj

dadih

túró

kek

sütemény

telur

tojás

telur goreng

tükörtojás

keju

sajt

makanan - étel

ais krim

jégkrém

gula

cukor

madu

méz

jem

lekvár

krim nougat

mogyorókrém

kari

curry

makanan - étel

ladang
gazdálkodás

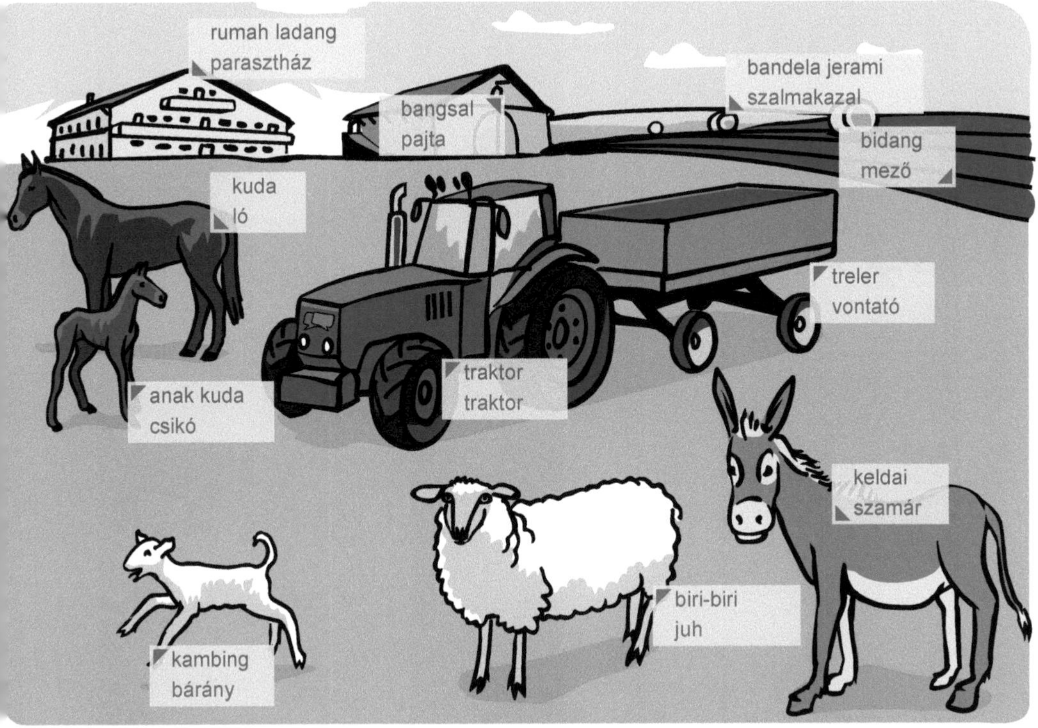
rumah ladang
parasztház
bangsal
pajta
bandela jerami
szalmakazal
bidang
mező
kuda
ló
treler
vontató
traktor
traktor
anak kuda
csikó
keldai
szamár
biri-biri
juh
kambing
bárány

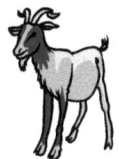

kambing

kecske

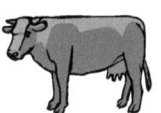

lembu

tehén

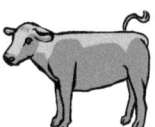

anak lembu

borjú

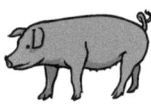

babi

malac

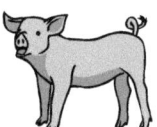

anak babi

kismalac

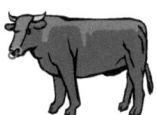

lembu

bika

angsa

liba

itik

kacsa

anak ayam

csibe

ayam betina

tojó

ayam jantan muda

kakas

tikus

patkány

kucing

macska

tikus

egér

lembu jantan

ökör

anjing

kutya

rumah anjing

kutyaház

hos taman

kerti öntözőcső

bekas siraman

öntözőkanna

sabit

kasza

bajak

eke

sabit

sarló

cangkul

kapa

serampang peladang

vasvilla

kapak

fejsze

kereta sorong

talicska

palung

teknő

tin susu

tejes kancsó

karung

zsák

pagar

kerítés

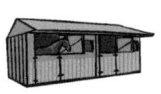

stabil

istálló

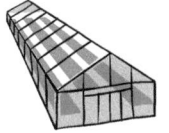

rumah hijau

üvegház

tanah

talaj

benih

vetőmag

baja

trágya

jentuai

cséplőgép

tuai

szüretelni

menuai

betakarítás

keladi

yamgyökér

gandum

búza

soya

szója

kentang

burgonya

jagung

kukorica

biji sawi

repcemag

pokok buah-buahan

gyümölcsfa

ubi kayu

manióka

bijirin

gabona

rumah
ház

cerobong
kémény
atap
tető
penurun
eresz
tetingkap
ablak
loceng pintu
ajtócsengő
garaj
garázs
pintu
ajtó
tong sampah
szemetes
peti surat
postaláda
taman
kert

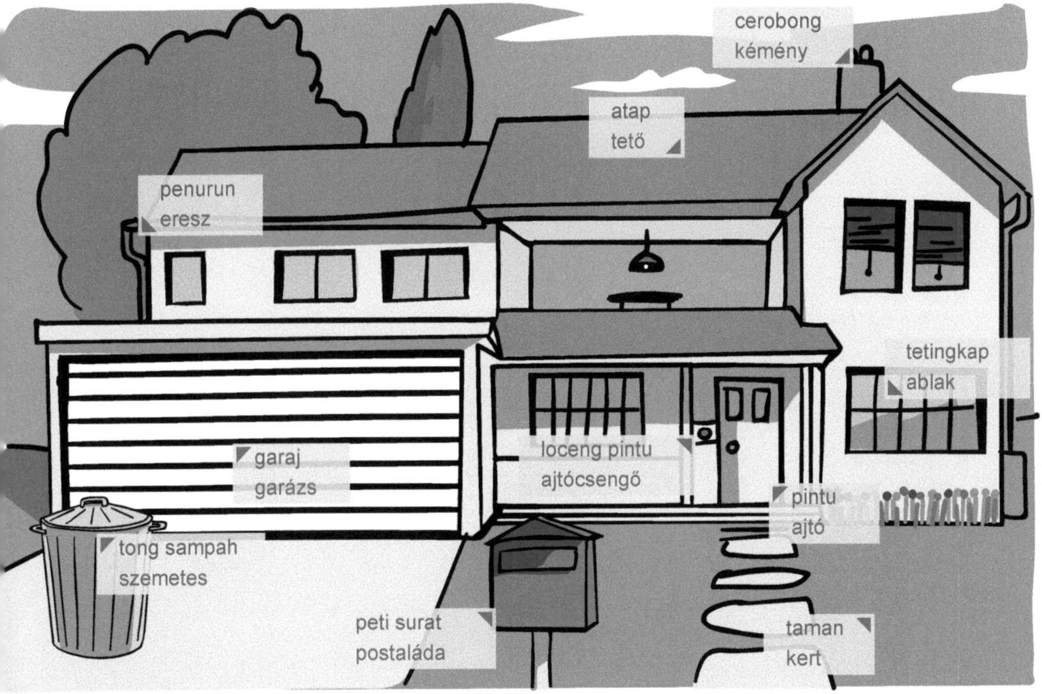

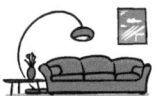

ruang tamu
nappali

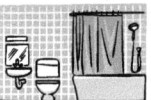

bilik air
fürdőszoba

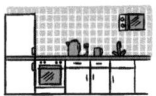

dapur
konyha

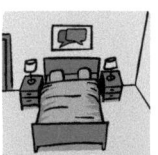

bilik tidur
hálószoba

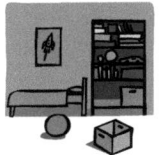

bilik kanak-kanak
gyerekszoba

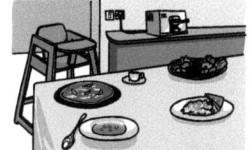

ruang makan
ebédlő

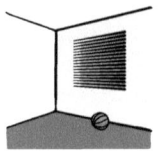

lantai

padló

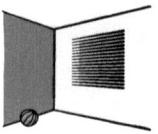

dinding

fal

siling

plafon

bilik bawah tanah

pince

sauna

szauna

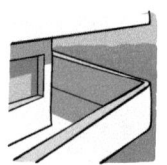

balkoni

erkély

teres

terasz

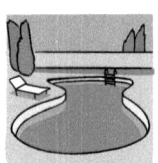

kolam renang

medence

pemotong rumput

fűnyíró

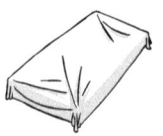

lembaran

lepedő

penutup tilam

ágytakaró

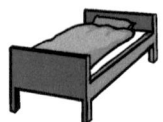

katil

ágy

penyapu

seprű

timba

vödör

suis

kapcsoló

ruang tamu
nappali

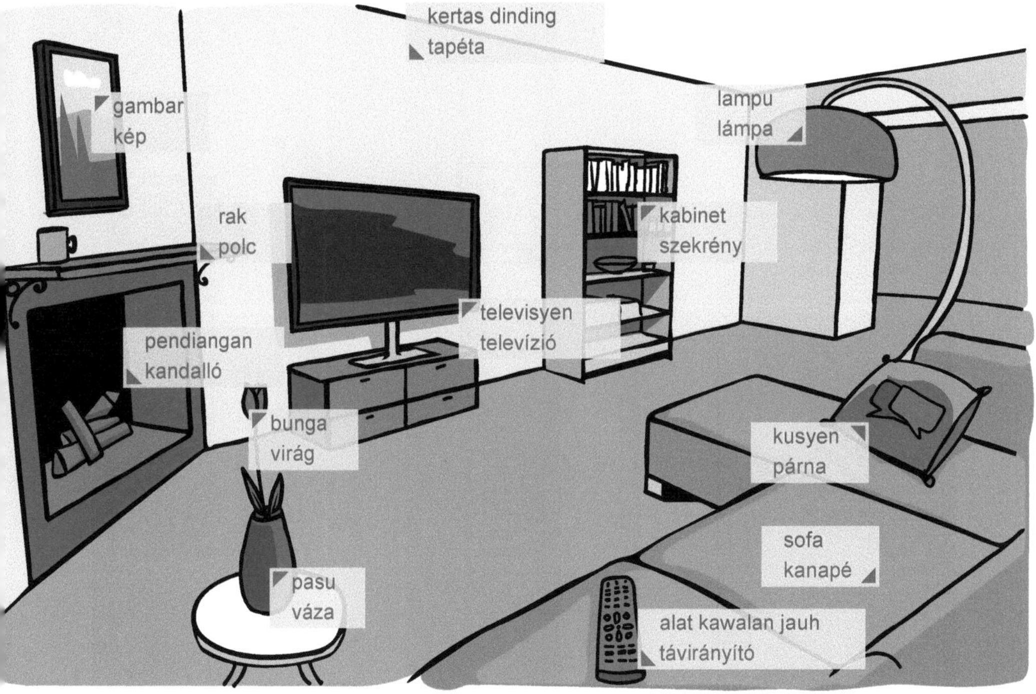

kertas dinding
tapéta
gambar
kép
lampu
lámpa
rak
polc
kabinet
szekrény
televisyen
televízió
pendiangan
kandalló
bunga
virág
kusyen
párna
sofa
kanapé
pasu
váza
alat kawalan jauh
távirányító

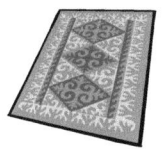

permaidani
....
szőnyeg

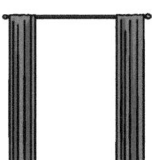

tirai
....
függöny

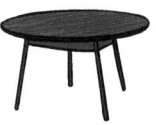

meja
....
asztal

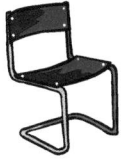

kerusi
....
szék

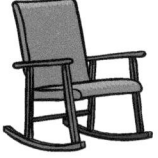

kerusi malas
....
hintaszék

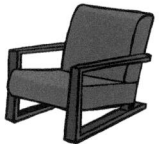

kerusi
....
karosszék

buku

könyv

selimut

takaró

hiasan

dekoráció

kayu api

tűzifa

filem

film

hi-fi

hifi

kunci

kulcs

akhbar

újság

lukisan

festmény

poster

poszter

radio

rádió

buku catatan

jegyzetfüzet

penyedut habuk

porszívó

kaktus

kaktusz

lilin

gyertya

dapur
konyha

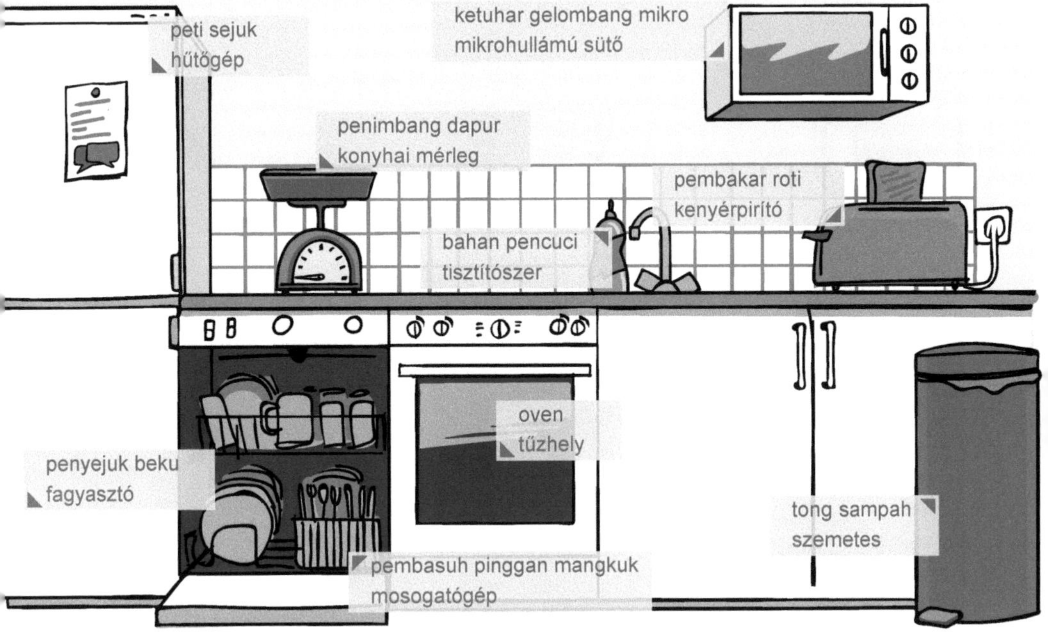
peti sejuk
hűtőgép
ketuhar gelombang mikro
mikrohullámú sütő
penimbang dapur
konyhai mérleg
pembakar roti
kenyérpirító
bahan pencuci
tisztítószer
oven
tűzhely
penyejuk beku
fagyasztó
tong sampah
szemetes
pembasuh pinggan mangkuk
mosogatógép

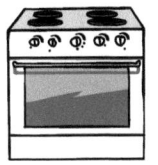

periuk dapur

tűzhely

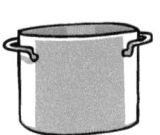

periuk

edény

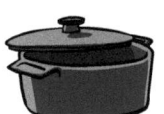

periuk besi

vasfazék

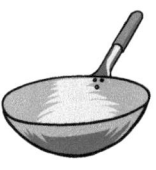

kuali

wok / kadai

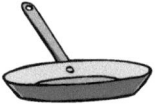

pan

serpenyő

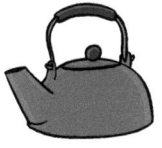

cerek

vízforraló

pengukus
......
pároló

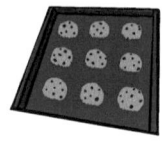

dulang pembakar
......
tepsi

pinggan mangkuk
......
étkészlet

koleh
......
bögre

mangkuk
......
tálka

penyepit
......
evőpálcika

senduk
......
merőkanál

spatula
......
keverőlapátka

pengadun
......
habverő

penapis
......
szűrő

ayak
......
szita

pemarut
......
reszelő

mortar
......
mozsár

barbeku
......
grillsütő

pembakaran terbuka
......
kandalló

papan pencincang

vágódeszka

pin golekan

sodrófa

skru gabus

dugóhúzó

tin

doboz

pembuka tin

konzervnyitó

pemegang periuk

edényfogó

sinki

mosogató

berus

kefe

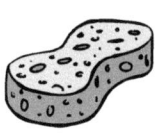

span

szivacs

pengisar

turmixgép

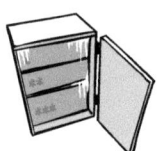

penyejuk beku

mélyhűtő

botol bayi

cumisüveg

paip

csap

bilik air
fürdőszoba

pemanasan
fűtés
tuala
törölköző
mandi
zuhany
tirai mandi
zuhanyfüggöny
mandi buih
habfürdő
tab mandi
kád
mesin basuh
mosógép
gelas
pohár
paip
csap
jubin
csempe
tandas
bili
sinki
mosogató

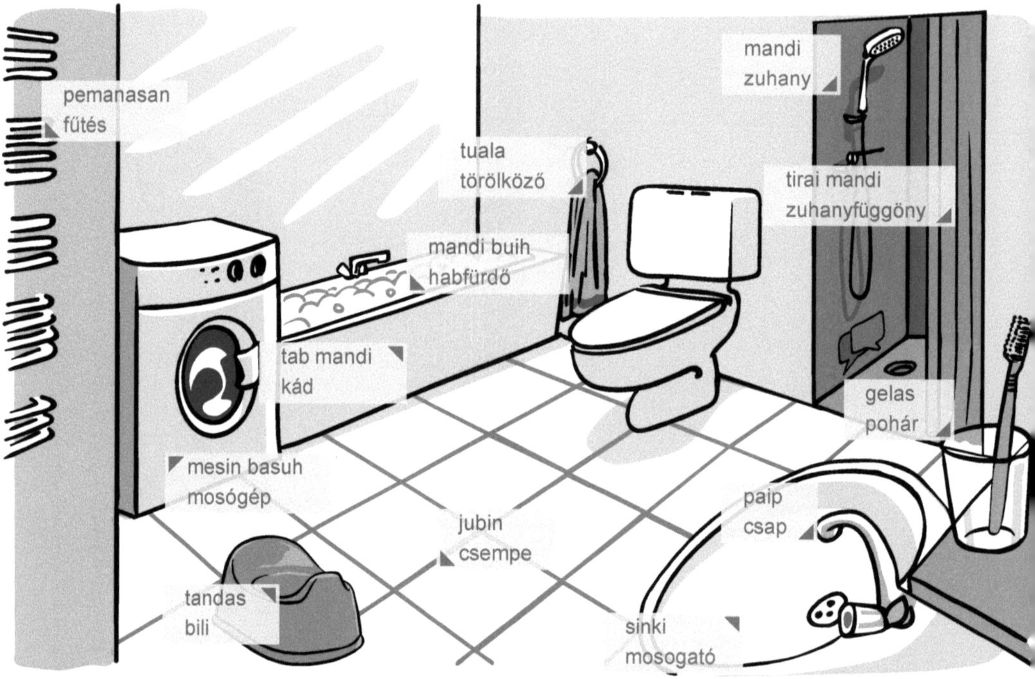

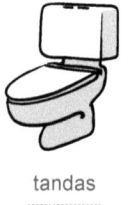

tandas
toalett

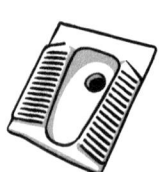

tandas mencangkung
guggolós toalett

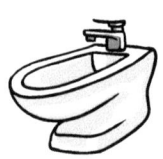

mangkuk tandas
bidé

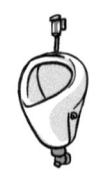

tandas awam
piszoár

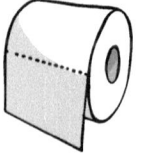

kertas tandas
toalett papír

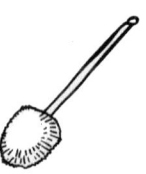

berus tandas
wc kefe

berus gigi

fogkefe

ubat gigi

fogkrém

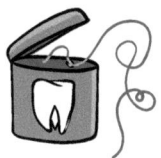

flos gigi

fogselyem

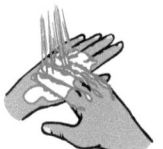

cuci

mosni

mandian tangan

kézi zuhany

pancuran

intimzuhany

besen

mosdótál

belakang berus

hátmosó kefe

sabun

szappan

gel mandian

tusfürdő

syampu

sampon

flanel

mosdókesztyű

longkang

lefolyó

krim

krém

deodoran

dezodor

cermin

tükör

cermin tangan

kézitükör

pisau cukur

borotva

busa cukur

borotvahab

selepas cukur

borotválkozás utáni
arcszesz

sikat

fésű

berus

hajkefe

pengering rambut

hajszárító

semburan rambut

hajlakk

mekap

smink

gincu

ajakrúzs

varnis kuku

körömlakk

bulu kapas

vatta

gunting kuku

körömvágó olló

pewangi

parfüm

beg basuhan

neszesszer

bangku

sámli

skala berat

mérleg

jubah mandi

köntös

sarung tangan getah

gumikesztyű

kapas

tampon

tuala wanita

egészségügyi betét

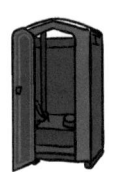

tandas kimia

vegyi WC

bilik kanak-kanak
gyerekszoba

jam loceng
ébresztő óra
mainan kegemaran
plüssállat
kereta mainan
játékautó
kerincing bayi
csörgő
rumah anak patung
babaház
hadiah
ajándék

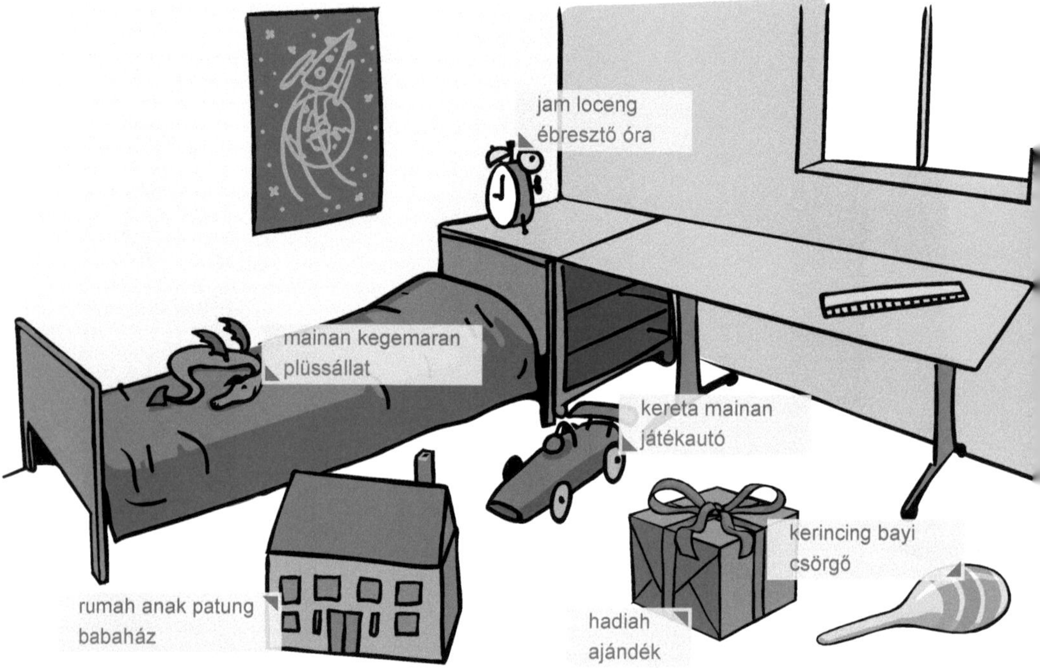

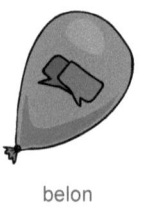

belon
lufi

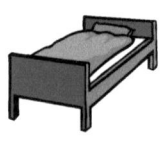

katil
ágy

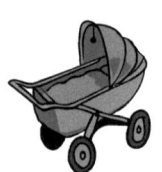

kereta sorong bayi
babakocsi

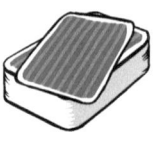

set kad
kártyapakli

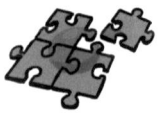

susun suai gambar
kirakós játék

SUPER MEGA

komik
képregény

batu bata lego

építőkockák

blok mainan

építőelem

figura aksi

szuperhős

baju bayi

rugdalózó

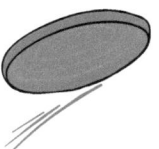

frisbee

frizbi

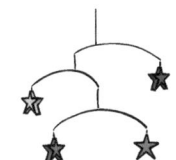

mainan bayi mudah alih

zenélő forgó

permainan papan

társasjáték

dadu

kocka

set model kereta api

modellvasút

palsu

cumi

parti

zsúr

buku bergambar

képeskönyv

bola

labda

anak patung

baba

main

játszani

lubang pasir

homokozó

buai

hinta

mainan

játékok

konsol permainan video

videójáték konzol

basikal roda tiga

tricikli

anak patung beruang

teddi maci

almari pakaian

ruhásszekrény

pakaian

ruházat

stoking

zokni

stoking

harisnya

ketat

harisnyanadrág

skarf
sál

/keselamatan

payung
esernyő

kemeja-t
póló

but
csizma

selipar
papucs

kasut sukan
tornacipő

sandal	kasut	but getah
szandál	cipő	gumicsizma

seluar dalam	coli	ves
alsónadrág	melltartó	mellény

badan
body

Seluar panjang
nadrág

jean
farmer

skirt
szoknya

blaus
blúz

kemeja
ing

baju panas sarung
pulóver

sweater
kapucnis pulóver

blazer
blézer

jaket
dzseki

kot
kabát

baju hujan
esőkabát

kostum
kosztüm

pakaian
ruha

baju pengantin
esküvői ruha

sut

öltöny

baju tidur

hálóing

baju tidur

pizsama

sari

szári

skarf kepala

fejkendő

serban

turbán

burqa

burka

kaftan

kaftán

abaya/jubah

abaya

baju renang

fürdőruha

seluar renang

fürdőnadrág

seluar pendek

rövidnadrág

sut balapan

tréningruha

apron

kötény

sarung tangan

kesztyű

butang

gomb

cermin mata

szemüveg

gelang tangan

karkötö

rantai leher

nyaklánc

cincin

gyűrű

subang

fülbevaló

topi

sapka

penyangkut kot

vállfa

topi

kalap

tali leher

nyakkendő

zip

cipzár

topi keledar

bukósisak

pendakap

nadrágtartó

uniform sekolah

iskolai egyenruha

seragam

egyenruha

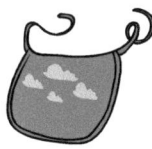

lapik dada

előke

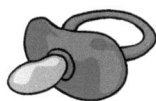

palsu

cumi

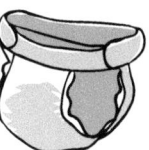

lampin

pelenka

pejabat
iroda

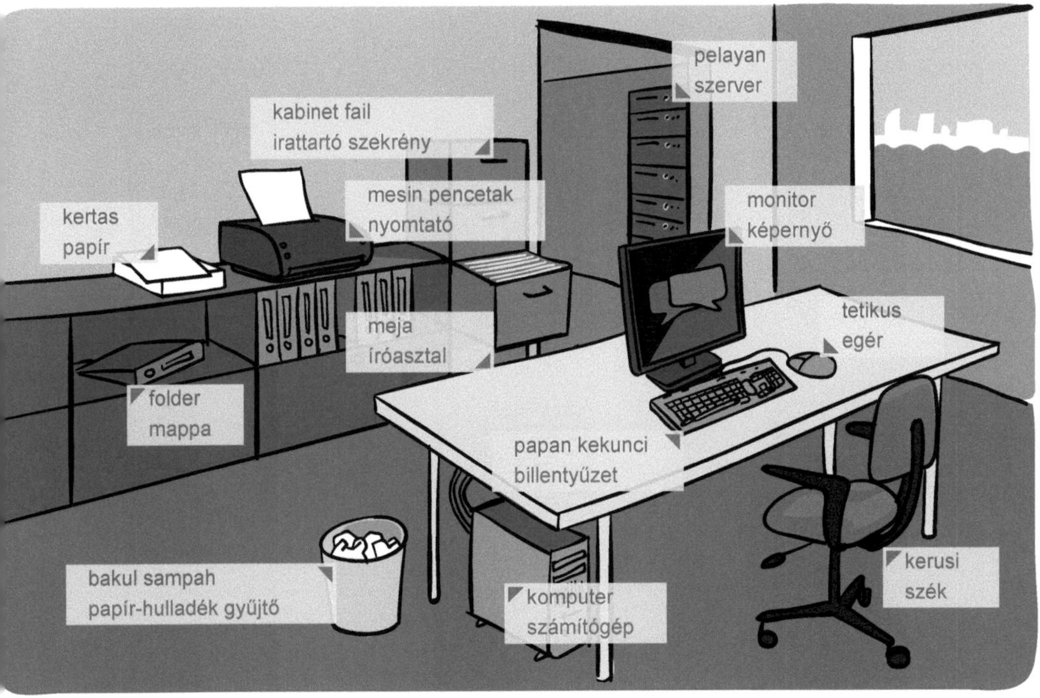

pelayan
szerver
kabinet fail
irattartó szekrény
mesin pencetak
nyomtató
kertas
papír
monitor
képernyő
tetikus
egér
meja
íróasztal
folder
mappa
papan kekunci
billentyűzet
bakul sampah
papír-hulladék gyűjtő
komputer
számítógép
kerusi
szék

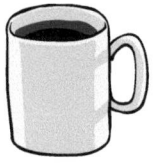

cawan kopi

kávéscsésze

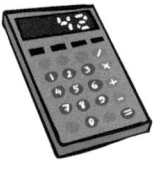

kalkulator

számológép

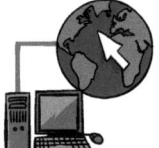

internet

internet

komputer riba
....
laptop

surat
....
levél

mesej
....
üzenet

mudah alih
....
mobiltelefon

rangkaian
....
hálózat

mesin fotokopi
....
fénymásoló

perisian
....
szoftver

telefon
....
telefon

soket plag
....
konnektor

mesin faks
....
faxgép

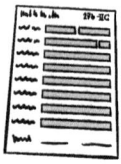

bentuk
....
formanyomtatvány

dokumen
....
dokumentum

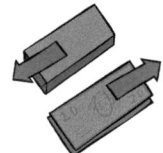

beli

venni

bayar

fizetni

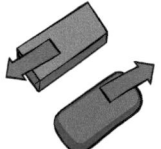

berdagang

kereskedni

wang

pénz

dolar

dollár

euro

euró

yen

jen

rubel

rubel

franc swiss

svájci frank

renminbi yuan

kínai jüan

rupee

rúpia

mata tunai

bankautomata

pejabat tukaran mata wang

valutaváltó iroda

emas

arany

perak

ezüst

minyak

olaj

tenaga

energia

harga

ár

kontrak

szerződés

cukai

adó

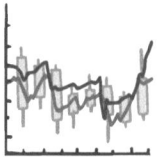

stok

részvény

kerja

dolgozni

pekerja

munkavállaló

majikan

munkaadó

kilang

gyár

kedai

üzlet

ahli bomba
tűzoltó

pegawai polis
rendőr

tukang masak
szakács

doktor
orvos

juruterbang
pilóta

tukang kebun

kertész

tukang kayu

kárpitos

tukang jahit

varrónő

hakim

bíró

ahli kimia

vegyész

pelakon

színész

pemandu bas

buszsofőr

pemandu teksi

taxisofőr

nelayan

halász

wanita pencuci

bejárónő

kasau

tetőfedő

pelayan

pincér

pemburu

vadász

pelukis

festő

bakeri

pék

juruelektrik

villanyszerelő

pembangun

építőmunkás

jurutera

mérnök

penjual daging

hentes

tukang paip

vízvezeték-szerelő

posmen

postás

askar
katona

arkitek
építész

juruwang
eladó

kedai bunga
virágos

pendandan rambut
fodrász

konduktor
kalauz

mekanik
műszerész

kapten
kapitány

doktor gigi
fogorvos

ahli sains
tudós

tuhanku
rabbi

imam
imám

sami
szerzetes

paderi
lelkész

alat
szerszámok

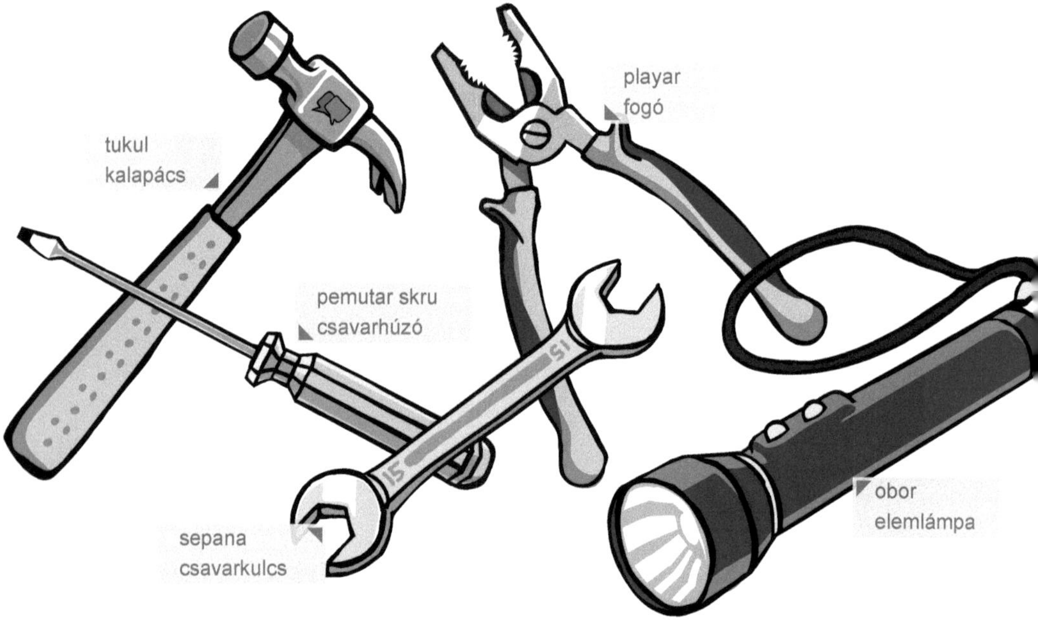

tukul
kalapács
playar
fogó
pemutar skru
csavarhúzó
sepana
csavarkulcs
obor
elemlámpa

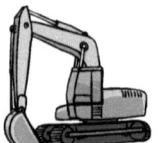

pengorek

markológép

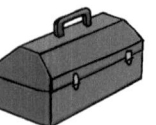

kotak peralatan

szerszámosláda

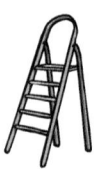

tangga

vödör

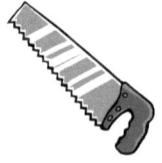

gergaji

fűrész

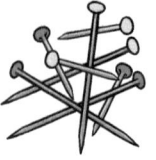

kuku

szög

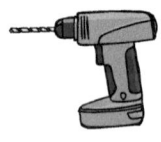

gerudi

fúrógép

baiki

megjavítani

penyodok

lapát

Celaka!

A francba!

penadah sampah

szemétlapát

periuk cat

festékesdoboz

skru

csavar

alat muzik
hangszerek

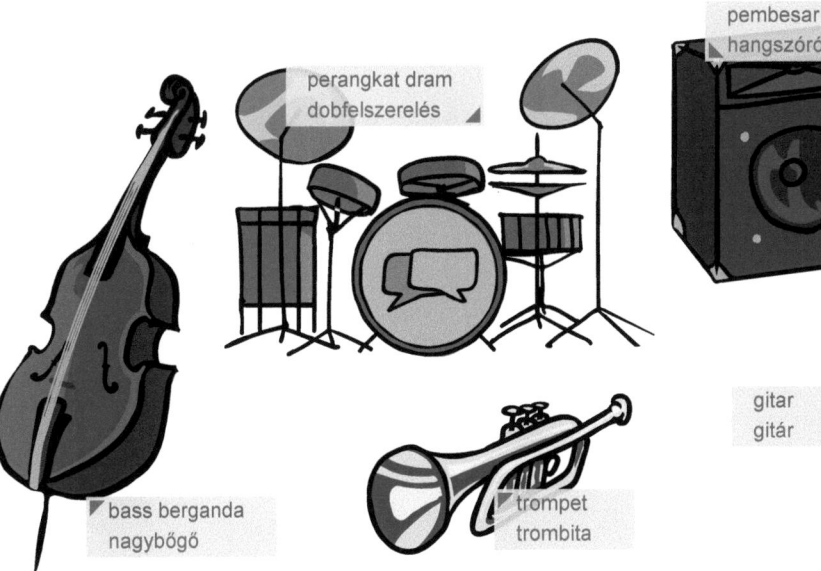

perangkat dram
dobfelszerelés

pembesar suara
hangszóró

gitar
gitár

bass berganda
nagybőgő

trompet
trombita

piano

zongora

biola

hegedű

bass

basszusgitár

timpani

üstdob

dram

dobok

papan kekunci

digitális zongora

saksofon

szaxofon

seruling

fuvola

mikrofon

mikrofon

zoo
állatkert

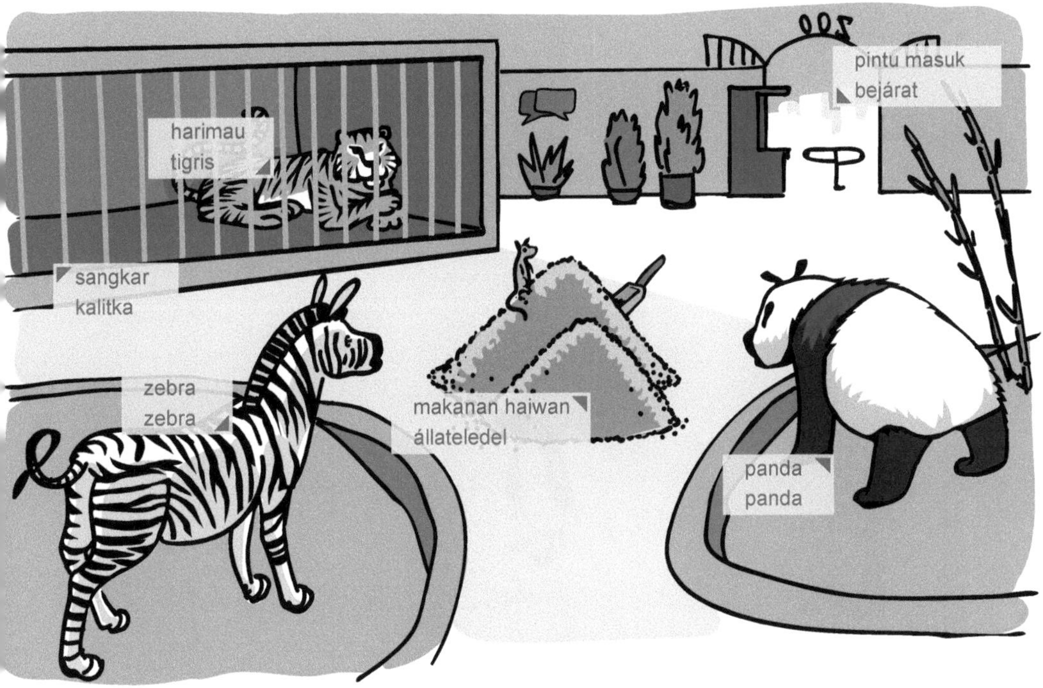
harimau
tigris
pintu masuk
bejárat
sangkar
kalitka
zebra
zebra
makanan haiwan
állateledel
panda
panda

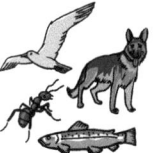

haiwan

állatok

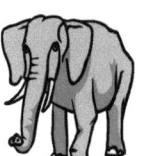

gajah

elefánt

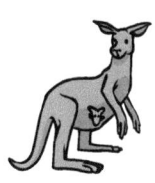

kanggaru

kenguru

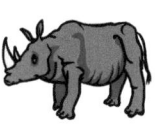

badak sumbu

orrszarvú

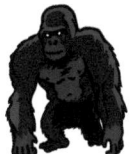

gorila

gorilla

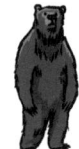

beruang

medve

unta
teve

burung unta
strucc

singa
oroszlán

monyet
majom

flamingo
flamingó

nuri
papagáj

beruang kutub
jegesmedve

penguin
pingvin

yu
cápa

merak
páva

ular
kígyó

buaya
krokodil

penjaga zoo
állatgondozó

anjing laut
fóka

jaguar
jaguár

zoo - állatkert

kuda

póniló

harimau

leopárd

badak air

víziló

zirafah

zsiráf

helang

sas

babi jantan

vaddisznó

ikan

hal

penyu

teknős

anjing laut

rozmár

musang

róka

rusa

gazella

bola sepak Amerika
amerikai futball

berbasikal
kerékpározás

tenis
tenisz

bola keranjang
kosárlabda

renang
úszás

tinju
boksz

hoki ais
jégkorong

bola sepak
futball

badminton
tollas

olahraga
atlétika

bola baling
kézilabda

ski
síelés

polo
lovaspóló

aktiviti

tevékenységek

lompat
ugrani
peluk
ölelni
ketawa
nevetni
berjalan
sétálni
menyanyi
énekelni
mimpi
álmodni
berdoa
dicsérni
cium
csókolni

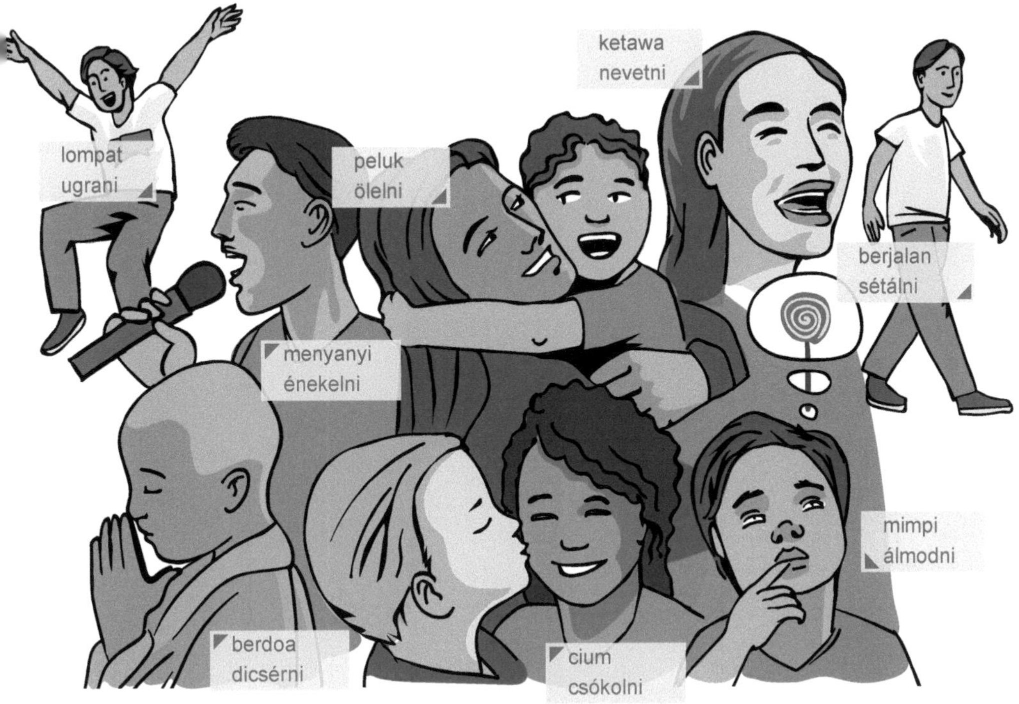

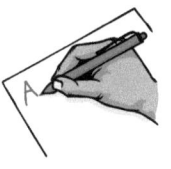

tulis
....
írni

lukis
....
rajzolni

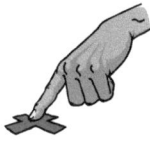

tunjuk
....
mutatni

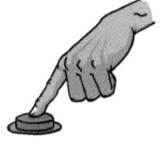

tolak
....
tolni

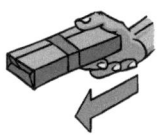

beri
....
adni

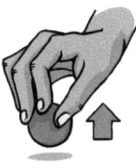

ambil
....
vinni

ada
birtokolni

buat
csinálni

ialah
lenni

berdiri
állni

lari
futni

tarik
húzni

buang
hajít

jatuh
esni

tipu
hazudni

tunggu
várni

bawa
vinni

duduk
ülni

pakai
felvenni

tidur
aludni

bangkit
felébredni

lihat pada

ránézni

menangis

sírni

strok

simogat

sikat

fésülni

cakap

beszélni

faham

megérteni

tanya

kérdezni

dengar

hallgatni

minum

inni

makan

enni

mengemas

takarítani

sayang

szeretni

masak

főzni

pandu

vezetni

terbang

szállni

aktiviti - tevékenységek

belayar

vitorlázni

kira

számol

baca

olvasni

belajar

tanulni

kerja

dolgozni

nikah

házasodni

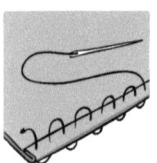

jahit

varrni

memberus gigi

fogat mosni

bunuh

ölni

asap

dohányozni

hantar

küldeni

nenek
nagymama

datuk
nagypapa

bapa
apa

ibu
anya

bayi
kisbaba

anak perempuan
lány

anak lelaki
fiú

tetamu

vendég

mak cik

nagynéni

pak cik

nagybácsi

abang

fiútestvér

kakak

lánytestvér

badan

test

dahi
homlok
mata
szem
bahu
váll
jari
ujj
muka
arc
dagu
áll
tangan
kéz
kaki
láb
dada
mell
lengan
kar

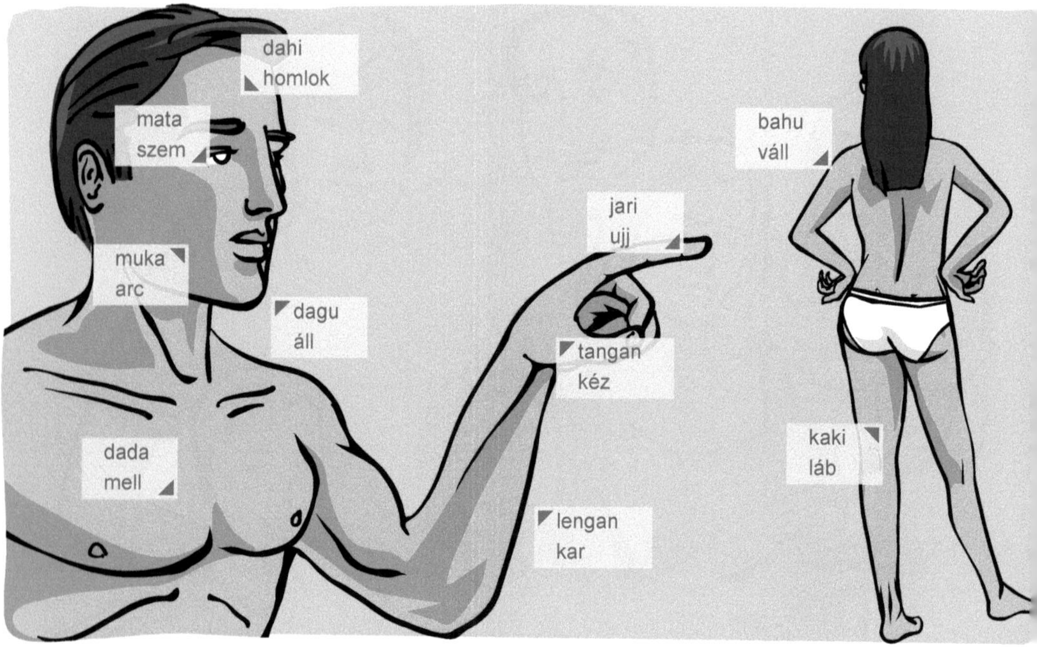

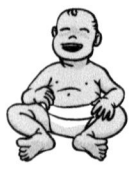

bayi
kisbaba

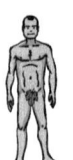

lelaki
ember

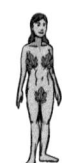

wanita
nő

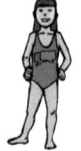

perempuan
lány

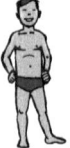

lelaki
fiú

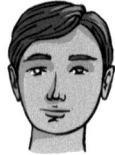

kepala
fej

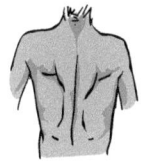

belakang
hát

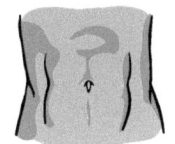

bawah perut
has

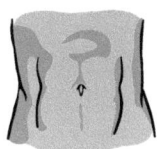

pusat
köldök

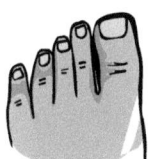

jari kaki
lábujj

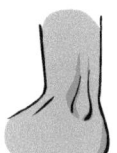

tumit
sarok

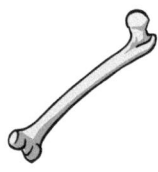

tulang
csont

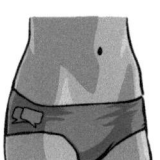

pinggul
csípő

lutut
térd

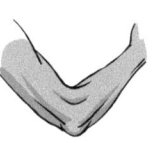

siku
könyök

hidung
orr

bawah
fenék

kulit
bőr

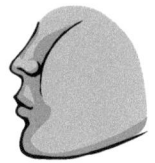

pipi
orca

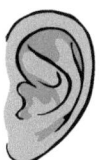

telinga
fül

bibir
ajak

mulut
....
száj

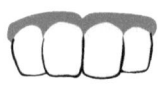

gigi
....
fog

lidah
....
nyelv

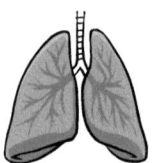

otak
....
agy

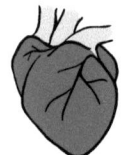

hati
....
szív

otot
....
izom

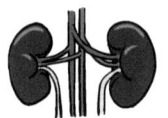

paru-paru
....
tüdő

hati
....
máj

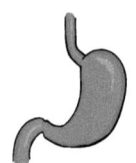

perut
....
gyomor

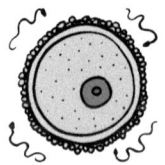

buah pinggang
....
vese

seks
....
szex

kondom
....
kondom

faraj
....
petesejt

mani
....
sperma

mengandung
....
terhesség

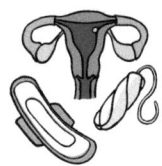

haid

menstruáció

faraj

vagina

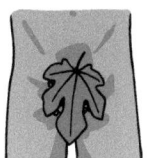

penis

pénisz

kening

szemöldök

rambut

haj

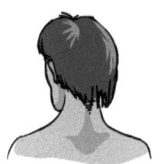

leher

nyak

hospital
kórház

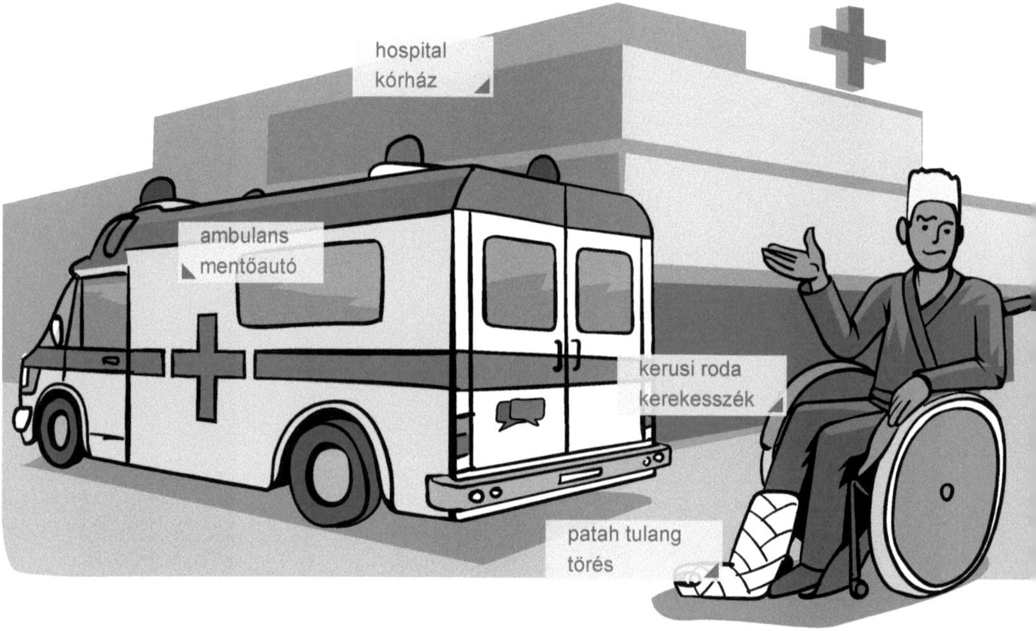

hospital
kórház
ambulans
mentőautó
kerusi roda
kerekesszék
patah tulang
törés

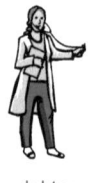

doktor
....
orvos

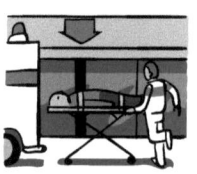

bilik kecemasan
....
sürgősségi osztály

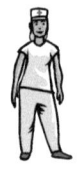

jururawat
....
ápoló

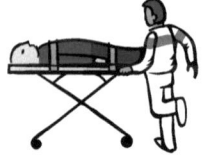

kecemasan
....
vészhelyzet

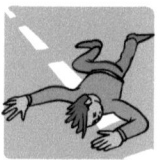

tak sedar
....
eszméletlen

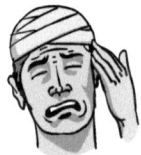

sakit
....
fájdalom

kecederaan

sérülés

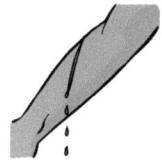

pendarahan

vérzés

serangan jantung

szívroham

strok

szélütés

alergi

allergia

batuk

köhögés

demam

láz

selesema

influenza

cirit-birit

hasmenés

sakit kepala

fejfájás

kanser

rák

diabetes

cukorbetegség

pakar bedah

sebész

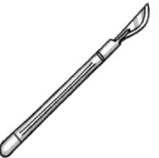

pisau bedah

szike

pembedahan

műtét

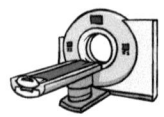

CT

CT

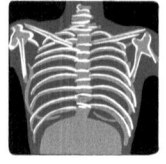

x-ray

röntgen

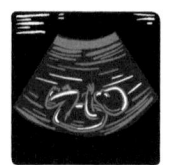

ultrabunyi

ultrahang

topeng muka

arcmaszk

penyakit

betegség

bilik menunggu

váróterem

penongkat

mankó

plaster

sebtapasz

pembalut

kötszer

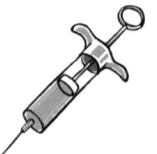

suntikan

injekció

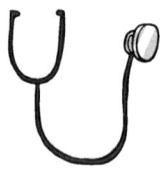

stetoskop

sztetoszkóp

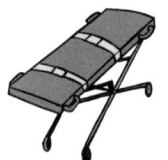

pengusung

hordágy

termometer klinik

klinikai hőmérő

kelahiran

születés

berat badan berlebihan

túlsúly

alat pendengaran

hallókészülék

disinfektan

fertőtlenítőszer

jangkitan

fertőzés

virus

vírus

HIV / AIDS

HIV/AIDS

perubatan

orvosság

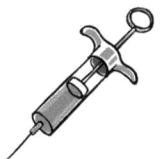

vaksinasi

oltás

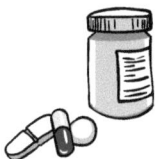

tablet

tabletták

pil

tabletta

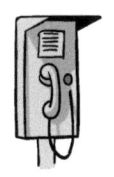

panggilan kecemasan

sürgősségi hívás

pantau tekanan darah

vérnyomásmérő

sakit / sihat

betegség / egészség

Tolong!

Segítség!

penggera

riasztás

serang

rajtaütés

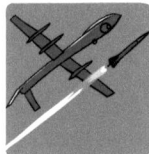

serangan

támadás

bahaya

veszély

pintu kecemasan

vészkijárat

Api!

tűz!

alat pemadam api

tűzoltókészülék

kemalangan

baleset

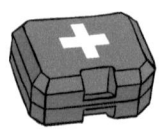

alat pertolongan cemas

elsősegélycsomag

SOS

SOS

polis

rendőrség

Eropah

Európa

Amerika Utara

Észak-Amerika

Amerika Selatan

Dél-Amerika

Afrika

Afrika

Asia

Ázsia

Australia

Ausztrália

Atlantic

Atlanti-óceán

Pasifik

Csendes-óceán

Lautan Hindi

Indiai-óceán

Lautan Antartik

Déli-óceán

Lautan Artik

Jeges-tenger

Kutub utara

Északi-sark

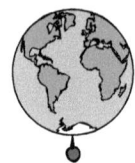

Kutub Selatan

Déli-sark

Antartika

Antarktisz

bumi

föld

tanah

szárazföld

laut

tenger

pulau

sziget

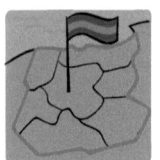

negara

nemzet

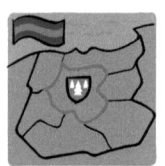

negeri

állam

muka jam

számlap

tangan jam

kismutató

tangan minit

nagymutató

terpakai

másodpercmutató

Jam berapa sekarang

Mennyi az idő?

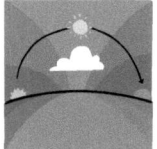

hari

nap

masa

idő

sekarang

most

jam digital

digitális óra

minit

perc

jam

óra

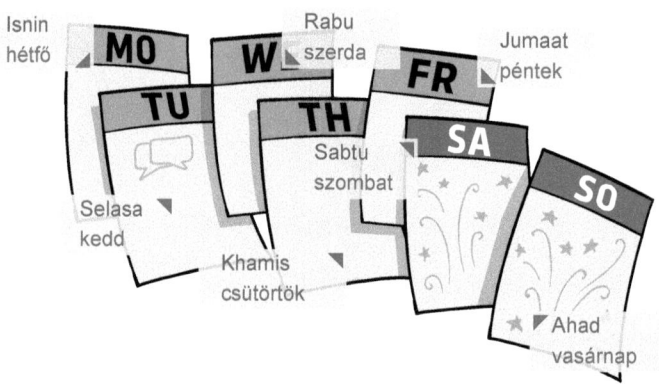

Isnin hétfő — MO

Rabu szerda — W

Jumaat péntek — FR

TU

TH

SA

Selasa kedd

Sabtu szombat

SO

Khamis csütörtök

Ahad vasárnap

semalam

tegnap

hari ini

ma

esok

holnap

pagi

reggel

tengah hari

dél

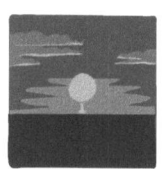

petang

este

MO	TU	WE	TH	FR	SA	SU
1	2	3	4	5	6	7
8	9	10	11	12	13	14
15	16	17	18	19	20	21
22	23	24	25	26	27	28
29	30	31	1	2	3	4

hari kerja

hétköznap

MO	TU	WE	TH	FR	SA	SU
1	2	3	4	5	6	7
8	9	10	11	12	13	14
15	16	17	18	19	20	21
22	23	24	25	26	27	28
29	30	31	1	2	3	4

hari minggu

hétvége

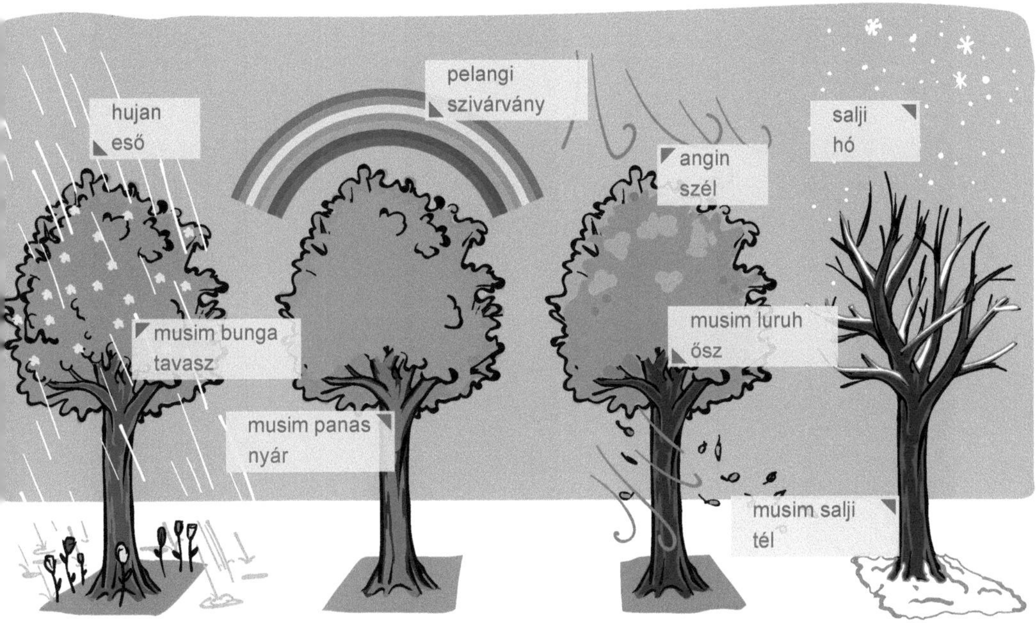

hujan
eső

pelangi
szivárvány

salji
hó

angin
szél

musim bunga
tavasz

musim panas
nyár

musim luruh
ősz

musim salji
tél

4.APRIL	11°	☀
5.APRIL	4°	⛈
6.APRIL	13°	⛈
7.APRIL	8°	☀
8.APRIL	10°	☀

ramalan cuaca

időjárás előrejelzés

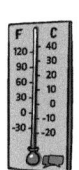

termometer

hőmérő

sinar matahari

napsütés

awan

felhő

kabus

köd

lembapan

páratartalom

kilat
....
villámlás

petir
....
mennydörgés

ribut
....
vihar

hujan batu
....
jégeső

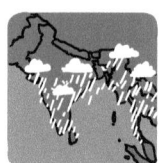

monsun
....
monszun

banjir
....
áradás

ais
....
jég

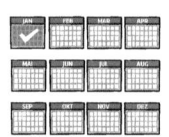

Januari
....
január

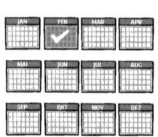

Februari
....
február

Mac
....
március

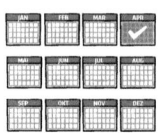

April
....
április

Mei
....
május

Jun
....
június

Julai
....
július

Ogos
....
augusztus

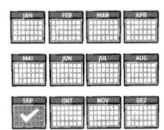

September
....
szeptember

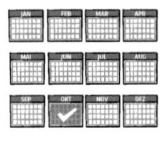

Oktober
....
október

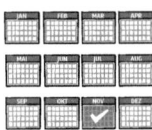

November
....
november

Disember
....
december

bulatan
....
kör

petak
....
négyzet

segi empat tepat
....
téglalap

segitiga
....
háromszög

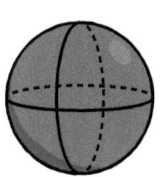

sfera
....
gömb

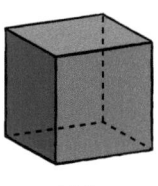

kiub
....
kocka

warna
színek

putih

fehér

kuning

sárga

oren

narancs

merah jambu

rózsaszín

merah

piros

ungu

lila

biru

kék

hijau

zöld

coklat

barna

kelabu

szürke

hitam

fekete

banyak / sedikit

sok / kevés

marah / tenang

mérges / nyugodt

cantik / hodoh

szép / csúnya

bermula / tamat

kezdet / vég

besar kecil

nagy / kicsi

terang / gelap

világos / sötét

abang / kakak

fivér / nővér

bersih / kotor

tiszta / koszos

lengkap / tidak lengkap

teljes / nem teljes

hari / malam

nappal / éjszaka

mati / hidup

halott / élő

luas / sempit

széles / keskeny

boleh dimakan / tidak boleh dimakan

ehető / nem ehető

jahat / baik

gonosz / kedves

teruja / bosan

izgatott / unott

gemuk / kurus

kövér / vékony

pertama / terakhir

első / utolsó

kawan / musuh

barát / ellenség

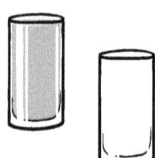

penuh / kosong

teli / üres

keras / lembut

kemény / puha

berat / ringan

nehéz / könnyű

lapar / dahaga

éhség / szomjúság

sakit / sihat

betegség / egészség

menyalahi undang-undang / undang-undang

illegális / legális

pintar / bodoh

intelligens / buta

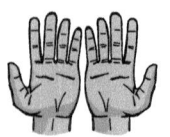

kiri / kanan

bal / jobb

dekat / jauh

közel / távol

baru / lama
....
új / használt

tiada / sesuatu
....
semmi / valami

tua / muda
....
idős / fiatal

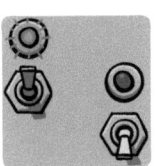

hidup / mati
....
be / ki

terbuka / tertutup
....
nyitva / zárva

diam / bising
....
csendes / hangos

kaya / miskin
....
gazdag / szegény

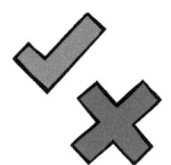

betul / salah
....
helyes / helytelen

kasar / halus
....
érdes / sima

sedih / gembira
....
szomorú / vidám

pendek / panjang
....
rövid / hosszú

lambat / laju
....
lassú / gyors

basah / kering
....
nedves / száraz

panas / sejuk
....
meleg / hideg

berperang / berdamai
....
háború / béke

0	**1**	**2**
sifar	satu	dua
nulla	egy	kettő

3	**4**	**5**
tiga	empat	lima
három	négy	öt

6	**7**	**8**
enam	tujuh	lapan
hat	hét	nyolc

9	**10**	**11**
sembilan	sepuluh	sebelas
kilenc	tíz	tizenegy

12	**13**	**14**
dua belas	tiga belas	empat belas
tizenkettő	tizenhárom	tizennégy

15	**16**	**17**
lima belas	enam belas	tujuh belas
tizenöt	tizenhat	tizenhét

18	**19**	**20**
lapan belas	Sembilan belas	dua puluh
tizennyolc	tizenkilenc	húsz

100	**1.000**	**1.000.000**
ratus	ribu	juta
száz	ezer	millió

Bahasa Inggeris

angol

Bahasa Inggeris Amerika

amerikai angol

Bahasa Cina Mandarin

mandarin kínai

Bahasa Hindi

hindi

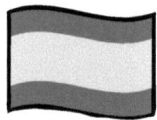

Bahasa Sepanyol

spanyol

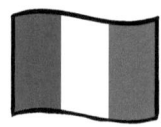

Bahasa Perancis

francia

Bahasa Arab

arab

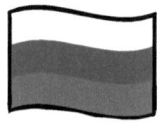

Bahasa Rusia

orosz

Bahasa Portugis

portugál

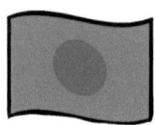

Bahasa Benggali

bengáli

Bahasa Jerman

német

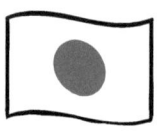

Bahasa Jepun

japán

saya

én

anda

te

dia / dia / ia

ő

kita

mi

anda

ti

mereka

ők

siapa?

ki?

apa?

mi?

bagaimana?

hogyan?

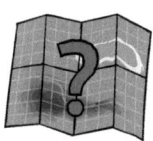

di mana?

hol?

bila?

mikor?

nama

név

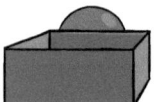

belakang
mögött

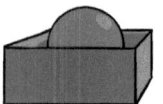

dalam
benne

di hadapan
elötte

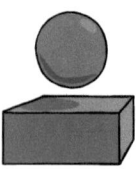

lebih
felette

pada
rajta

di bawah
alatta

bersebelahan
mellett

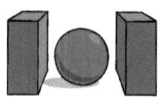

antara
között

tempat
hely